(Conserver la couverture)

DISCOURS

PRONONCÉ

LE 18 FÉVRIER 1885

AUX OBSÈQUES DE M. JULES-FRANÇOIS BURAT,

PROFESSEUR AU CONSERVATOIRE NATIONAL DES ARTS ET MÉTIERS,

PAR

M. LE COLONEL LAUSSEDAT,

DIRECTEUR DE L'ÉTABLISSEMENT.

PARIS.

IMPRIMERIE NATIONALE.

———

M DCCC LXXXV.

Ln 27/7
35448

Ln 27/7
35448

DISCOURS

PRONONCÉ

AUX OBSÈQUES DE M. JULES-FRANÇOIS BURAT,

PROFESSEUR AU CONSERVATOIRE NATIONAL DES ARTS ET MÉTIERS,

PAR M. LE COLONEL LAUSSEDAT,

DIRECTEUR DE L'ÉTABLISSEMENT.

MESSIEURS,

Cette tombe va se refermer sur un homme de bien, sur un collègue aimé dont nous ne saurions nous séparer sans exprimer le profond regret que nous inspire sa perte.

Il nous arrivera souvent de revoir en souvenir la figure douce, affable, bienveillante de Burat.

Cette affabilité sans affectation, cette bienveillance naturelle attiraient, dès le premier abord, vers cet homme excellent, dont le mérite réel n'était égalé que par une modestie et un désintéressement qui, s'ils constituent la vraie sagesse, n'en sont pas moins rares dans tous les temps et dans toutes les situations.

Jules Burat, d'une famille originaire d'Auxerre, était né à Paris le 12 avril 1807. Après avoir fait de brillantes études littéraires au collège Louis-le-Grand et suivi avec succès les cours de mathématiques du collège de Versailles, il entrait, en 1827, à l'École polytechnique d'où il sortait, en 1829, dans le service de l'artillerie.

On était à la veille de grands événements politiques, tout le monde le sentait, et le jeune Burat, dominé comme tant d'autres esprits généreux, par les préoccupations et les passions de cette époque, renonçait aux carrières officielles pour s'enrôler dans le camp libéral et se faisait journaliste.

Cependant, et malgré l'exemple que lui donnèrent alors un assez grand nombre de ses camarades de l'École polytechnique, il ne paraît pas avoir jamais cédé à la tentation de faire table rase de tout ce qui existait et de reconstituer la société tout d'une pièce, projets qui accusaient de la part de leurs auteurs, d'ailleurs pleins de foi et de dévouement, plus d'imagination que de sûreté de jugement.

Pressentant toutefois, comme la plupart d'entre eux, les transformations profondes qui devaient être la conséquence de la diffusion de l'instruction, des progrès de l'industrie et de la facilité de plus en plus grande des communications, dès qu'il crut les libertés publiques suffisamment garanties par des institutions politiques qui n'étaient peut-être pas celles qu'il avait rêvées, mais dont il se contentait momentanément, comme on se repose après une étape, du journalisme alerte et militant auquel il s'était d'abord destiné, il passa au journalisme studieux et grave qui s'attache à élucider les questions économiques si intimement, si profondément liées aux questions sociales.

Sa grande préoccupation, celle qui a dominé toute sa carrière de publiciste, on pourrait dire sa vie entière.

était de préserver son pays, qu'il aimait passionnément, des secousses, des bouleversements qu'il prévoyait dans le cas où les transitions ne seraient pas ménagées.

Bien loin donc d'avoir la confiance et la hardiesse des réformateurs auxquels je faisais allusion tout à l'heure, il redoutait les innovations irréfléchies ou hâtives des enthousiastes, les coups de tête et les calculs coupables des hommes en quête de popularité.

La preuve que cet esprit, un peu timide peut-être, mais aussi éclairé que mesuré, avait su se faire une grande place dans la presse se trouverait, au besoin, dans la liste de ses collaborateurs au *Journal du commerce*, dans lequel il débuta et dont il devint et resta le rédacteur en chef jusqu'en 1848, au *Journal mensuel de l'industriel et du capitaliste*, qu'il fonda en 1836, au *Dictionnaire des connaissances utiles*, au *Journal des économistes*, au *Constitutionnel* enfin, où il entra, en 1848, pour combattre avec talent et autorité les théories socialistes, au moins intempestives, qui compromettaient si gravement le succès de l'expérience du suffrage universel et l'existence même de la République.

Cette liste serait trop longue à dresser et je me contenterai de citer les noms de Perdonnet, de Michel Chevalier, d'Amédée Burat, son digne frère, de Blanqui, de Bastiat et de Wolowski, en ajoutant que notre collègue fut honoré de l'affectueuse estime de deux des plus grands esprits de ce siècle, Humboldt et Arago, qui connaissaient son existence laborieuse et les efforts qu'il faisait pour réunir les matériaux, bien moins nombreux et moins sûrs alors qu'aujourd'hui, qui ont servi à fonder la science de la statistique et celle de la géographie commerciale.

Burat s'est encore trouvé en contact avec beaucoup de personnages politiques éminents qui lui ont témoigné une confiance dont il était digne à tous égards. Quelques-uns ont eu recours, aux heures les plus difficiles, à son dévouement et à son patriotisme. Tous l'ont trouvé prêt, et nul ne l'a entendu réclamer le prix du service rendu.

Décoré en 1849, sans avoir sollicité cette distinction, il est resté chevalier pendant trente-six ans, sans avoir jamais fait la moindre démarche pour obtenir un avancement pourtant bien mérité. Les fonctions officielles de professeur au Conservatoire des arts et métiers lui ont été offertes spontanément, et il ne les a acceptées que sur les instances de l'administration et de quelques-uns de ses amis. Je n'ai pas besoin de dire avec quel soin consciencieux il préparait ses leçons et savait intéresser ses auditeurs par un exposé toujours simple, net et exact des faits qu'il voulait mettre en lumière.

Convaincu de la nécessité de protéger l'industrie nationale, et très ardent, quand il soutenait ses idées dans la presse, il se contentait au Conservatoire de présenter les résultats de ses travaux de statistique et de faire des rapprochements qui donnaient sans doute à réfléchir, à ceux qui l'écoutaient, mais il n'a jamais transformé sa chaire en tribune, et ses relations cordiales avec des collègues qui ne partageaient pas ses opinions, en matière d'économie politique, témoignaient non seulement de l'urbanité de son caractère, mais en même temps du respect qu'il professait pour les convictions des autres et qu'il était en droit de réclamer pour les siennes.

Il se disait volontiers l'élève de M. Thiers, et la confiance qu'il avait dans la sagacité de l'illustre homme d'État suffirait peut-être pour expliquer la persistance qu'il a mise à soutenir des opinions à peu près universellement abandonnées depuis longtemps, bien qu'elles semblent, au moment même où je parle, reprendre une faveur inattendue.

J'ai dit que Burat était un homme d'étude; les lettres et les ouvrages importants qu'il a publiés depuis 1844 sur les expositions en général et sur l'exposition universelle de 1855 en particulier, sont la meilleure preuve de la variété et de l'étendue de ses connaissances; tous ces travaux se rattachent d'ailleurs à l'ordre d'idées qui occupait la plus grande place dans son esprit, c'est-à-dire aux moyens de conserver, de développer l'industrie française et d'assurer la supériorité de ses produits.

Cette nature si grave, si peu enthousiaste en apparence, et que l'on pouvait croire absorbée dans ses recherches et dans ses chiffres, était cependant des plus accessibles aux nobles émotions que procure l'art élevé. Personne, plus que Burat, ne fréquentait les musées, les galeries et les collections de peinture, personne ne connaissait mieux les maîtres anciens et modernes.

Il avait formé lui-même une précieuse collection, bien connue des gens de goût auxquels il en faisait volontiers les honneurs, et tous les amateurs ont pu voir quelques-uns des chefs-d'œuvre qu'elle contient aux expositions de bienfaisance dans lesquelles ils ont maintes fois figuré.

Ai-je besoin d'ajouter, Messieurs, ce que vous savez aussi bien que moi, que notre sympathique collègue avait au plus haut degré les vertus du patriote, du citoyen, du père de famille. Ces grandes et fortifiantes qualités s'associent, en effet, d'ordinaire, aux existences qui, comme celle de Burat, sont vouées au travail sans autre arrière-pensée que de faire le plus de bien possible.

Adieu, mon cher collègue : je l'ai dit en commençant, vous avez été un sage, et ce que j'ai pu rapporter de votre vie et de vos actes suffirait à le prouver surabondamment. Votre nom restera vénéré dans la grande et populaire institution où vous avez enseigné pendant trente années. Que cette assurance, que ce témoignage de haute estime que je vous offre au nom du Conservatoire des arts et métiers, soit une consolation pour votre chère famille qui vous a si tendrement aimé et qui est si cruellement frappée.

Adieu, mon cher Burat, adieu.

www.ingramcontent.com/pod-product-compliance
Lightning Source LLC
Chambersburg PA
CBHW050702070726
47597CB00010B/4277